Torsten Eckhold

Tagebuch einer Reise zum Arctic Circle Trail

Für meine Frau,

in liebevoller Dankbarkeit für deine unermüdliche Unterstützung zur Vorbereitung meiner Reise. Ohne deine Unterstützung hätte ich nicht so unbeschwert aufbrechen können.

Du bist immer an meiner Seite, und dafür bin ich unendlich dankbar.

Für meine Tochter,

in herzlicher Dankbarkeit für deine Begleitung auf meiner Reise. Mit dir an meiner Seite wurden alle Strapazen zu gemeinsamen Abenteuern. Deine Stärke, dein Lachen und dein unermüdlicher Mut haben diese Erfahrung so viel reicher und schöner gemacht.

Ich bin unendlich stolz auf dich und freue mich auf all die Erlebnisse, die noch vor uns liegen.

Tagebuch einer Reise zum Arctic Circle Trail

Torsten Eckhold

Bibliografische Information der Deutschen Nationalbibliothek:
Die Deutsche Nationalbibliothek verzeichnet diese Publikation
in der Deutschen Nationalbibliografie; detaillierte bibliografische Daten sind im Internet über http://dnb.dnb.de abrufbar.

Weitere Mitwirkende: Ulrike Eckhold

Verlag: BoD · Books on Demand GmbH, In de Tarpen 42,
22848 Norderstedt, bod@bod.de

Druck: Libri Plureos GmbH, Friedensallee 273, 22763 Hamburg
ISBN: 978-3-7693-2271-2

Inhaltsverzeichnis

Warum der Arctic Circle Trail? Das ist doch verrückt, mach das nicht, ich habe Angst! Solche oder ähnliche Reaktionen habe ich gehört, als ich von meinem Vorhaben sprach. Eine Antwort darauf habe ich nicht. Ja, es ist verrückt, ich bin dieses Jahr 60 Jahre alt geworden, also auch nicht mehr der Jüngste.

Ich hörte zum ersten Mal Anfang Januar 2023 im Radio vom Arctic Circle Trail. Der Radiomoderator rief die Zuhörer auf, ihm anzurufen und zu erzählen, was sie im Jahr 2023 Besonderes für den Urlaub geplant hätten. Die Antworten waren alles andere als spektakulär, bis eine Frau anrief. Zu der Zeit saß ich bereits im Auto auf dem Weg zur Arbeit. Sie erwähnte, dass sie im Sommer 2023 den Arctic Circle Trail laufen wolle. Dieser verläuft in Grönland am Polarkreis und ist etwa 170 km lang. Sie war bereits in Schweden gewandert, doch dort waren ihr mittlerweile zu viele Menschen auf den Wanderwegen. In Grönland sollte es anders sein. Zum Schluss erwähnte sie noch, dass sie 72 Jahre alt sei! Das weckte mein Interesse, schließlich würde ich ab Frühjahr 2024 in meinen Ruhestand eintreten. Später, nach der Arbeit, googelte ich sofort nach dem „Arctic Circle Trail". Ich fand viele Informationen, darunter eine Facebook-Gruppe, zahlreiche Fotos und Videos sowie eine offizielle Website. Dort stand als Warnung: „Achtung! Nur für erfahrene Langstreckenwanderer geeignet!"

Nachdem ich einige Informationen über den Weg, die Dauer, die Abgeschiedenheit und die Gefahren gesammelt hatte, wurde mir schnell klar, dass es für meine Frau Elke zu gefährlich wäre. Also fragte ich unsere Tochter Ulrike, ob sie Lust hätte, mit mir im August 2024 den Arctic Circle Trail in Grönland zu laufen. Ihre Antwort lautete: „Dafür musst du aber fit sein." Ich erwiderte: „Du aber auch! Wir müssen beide etwa 20 kg Gepäck tragen." Ihre Antwort war: „Ich mache mir nur Sorgen um dich!" Somit war es abgemacht, und die Vorbereitungen für unser Abenteuer begannen …

GRÖNLAND, DEN 12. AUGUST

Heute sind wir gegen 11:00 Uhr Ortszeit in Kangerlussuaq gelandet. Es ist momentan der größte Flughafen in Grönland, aber trotzdem ist alles klein. Wir sind von Kopenhagen mit der Privileg-Style-Airline, einem Boeing 777 Flugzeug, geflogen. Air Greenlands einziges Transatlantikflugzeug, der Airbus 330–800 „Tuukaq", musste wegen einer Reparatur am Boden bleiben. Innerhalb von Grönland wird nur mit kleinen Propellermaschinen bzw. Helikoptern geflogen. Das Gepäckband im Flughafen war kurz. Es gab einen Souvenirladen, einen Stand des Tourismusunternehmens „Albatros Arctic Circle", und ein Café, das zu dem Flughafenhotel gehörte.

Abbildung 1 Flughafen Kangerlussuaq

Wir sind aus dem Flughafen hinten zur Terrasse raus und einmal um das Gebäude herumgegangen. Vor dem Flughafen, an der Hauptstraße, steht das „Café Ishuset". Dort gibt es Hotdogs, kleine Snacks, Kaffee und auch Gas. Das benötigten wir noch für unsere Wanderung. Wir kauften zwei Kartuschen und gingen wieder zum Flughafengebäude zurück. Das Gas bezahlten wir mit Karte bzw. Handy in dem kleinen Café. Bis jetzt hatten wir noch niemanden in Dänemark oder in Grönland gesehen, der mit Bargeld bezahlte. Ob das wohl so bleiben sollte?

Wir hatten noch etwas Zeit, bis unser Guide uns abholen sollte, und genossen noch die Sonne auf der Terrasse. Unglaublich, wie stark die Sonne schien und wie warm es war und das ca. 50 km nördlich vom Polarkreis.

Um 13:30 Uhr sollte unser gebuchter Guide am Flughafen eintreffen und uns zum Russell-Gletscher fahren. Als die Zeit um war, erschien er nicht. Dann kamen zwei zu Bussen umgebaute Allrad-Lkws von Albatros Arctic Circle, um Touristen zu einem Ausflug abzuholen. Uli fragte die Fahrer, ob sie etwas von unserer Tour wüssten. Sie hatten leider keine Informationen über unsere Tour. Auf unserer Buchung stand zum Glück eine Telefonnummer, die Uli anrief und nachfragte.

Ohne Uli und ihre Englischkenntnisse hätte ich hier wohl keine Chance gehabt.

Unser Fahrer wurde benachrichtigt und kam kurze Zeit später. Das Auto stand schon vor dem Flughafengebäude: ein alter Toyota Landcruiser.

Was uns noch hier auffiel: fast alle Autos, inklusive des einzigen Taxis, hatten Beulen und kleine Beschädigungen. An allen Geländewagen waren die Reserveräder abmontiert. Taxi? Ja, in Kangerlussuaq mit seinen 550 Einwohnern gibt es ein Taxi und einen Bus, der scheinbar immer seine Runde durch Kangerlussuaq fährt und immer wieder zum Flughafen kommt.

Unser Toyota sprang nur durch gutes Zureden an und klapperte beim Fahren, als würde er in seine Einzelteile zerfallen wollen. Zum Glück war er für den Notfall mit einem Funkgerät ausgestattet. Wahrscheinlich war das einzige neuwertige Teil an diesem Fahrzeug der Sicherheitsgurt, denn niemand hier schnallt sich beim Fahren an.

Die Fahrt zum Russell-Gletscher geht über die einzige Straße Grönlands, die außerhalb einer Ortschaft führt. Sie wurde im Jahr 2000 von Volkswagen als Schotterpiste gebaut, um hier in der Abgeschiedenheit Grönlands die neuesten SUVs zu testen. Die Straße führt bis zum Punkt 660, dem Beginn des Eisschildes, und ist ca. 37 km lang. Kurz nach Fertigstellung wurde seitens Volkswagen das Vorhaben verworfen, dort ihre Fahrzeuge zu testen.

Somit ist die Schotterpiste für alle zugänglich. Dort werden die Fahrten zum Punkt 660 und zum Russel Gletscher durchgeführt. Im Oktober gibt es hier auch ein spezielles Event, den Polarkreismarathon. Natürlich kann man die Schotterpiste auch für verschiedene Wanderungen um Kangerlussuaq nutzen.

Unser Guide fuhr mit 40 km/h über die Piste, der Toyota klapperte und ächzte, die Motorkontrolllampe leuchtete. Aber er hielt durch und nach 40 Minuten Fahrt, vorbei an beeindruckenden Bergen, Felsen, Seen und einem abgestürzten Militärflugzeug, hielt unser Guide neben der Piste. Er zeigte uns noch die Richtung zum Russell-Gletscher und verabschiedete sich dann von uns.

Unser Weg sollte uns zunächst steil einen Hügel hinauf führen; vom Gletscher sahen wir unten noch nichts. Nach ein paar Schritten fingen wir schon an zu schnaufen. Ich hatte eigentlich nicht damit gerechnet, dass es gleich ein steiler Anstieg und ein langer Weg zum Gletscher geben würde. Oben auf dem Hügel angekommen, sahen wir in der Ferne den Gletscher. Nach einer Weile ging es ein kleines Stück steil bergab. Weiter in Richtung Gletscher ging der Weg über leicht geneigte Ebenen mit niedrigem Bewuchs, die immer wieder durch kurze steile Abstiege unterbrochen waren. Von der oberen Ebene konnten wir nicht die anderen Ebenen sehen, sodass wir nicht wussten, wie lange wir zum Gletscher laufen mussten. Nach ca. 1 Stunde erreichten wir den gegenüberliegenden Aussichtspunkt des Russell-Gletschers. Zwischen uns und dem Gletscher befand sich jetzt nur noch ein kleines Geröllfeld und der Schmelzwasserabfluss vom Eisschild. Aus Richtung Eisschild kam uns noch eine kleine Gruppe Touristen entgegen, an deren Ende ein Mann lief, der auf einer Schamanen-Trommel schlug.

Der Abfluss vom Eisschild war sehr mächtig; links von uns stürzte er sich über einen Wasserfall zur Gletscherzunge, die er schon durchbrochen hatte. Vom Gletscher selbst lösten sich

vereinzelt kleinere Eisstücke und fielen in den Schmelzwasserabfluss. Es war sehr warm, ein strahlend blauer Himmel und
dazu der Gletscher. Ein schönes Bild und doch durch die
Wärme so unmittelbar am Gletscher auch beängstigend.

Das grönländische Eisschild ist mit durchschnittlich knapp
3000 Meter Höhe das zweitstärkste der Erde. Würde die gesamte Eismasse Grönlands schmelzen, würde sich der Meeres-
spiegel um 7 Meter anheben.

Wir haben unsere Zelte direkt gegenüber dem Gletscher
aufgebaut und genossen den traumhaften Blick auf den Gletscher.

Plötzlich kam noch ein Wanderer dazu und erzählte uns, dass
er aus Tschechien stamme, den Arctic Circle Trail in diesem
Jahr bereits zum zweiten Mal gelaufen sei, und nun um Kangerlussuaq wandern wollte. Er sprach natürlich nur Englisch,
Uli konnte mir aber alles übersetzen. Wir genossen weiterhin
den unbeschreiblich schönen Ort hier, den Blick auf den Gletscher bei strahlendem Sonnenschein und die Ruhe in der
freien Natur. Wenn der Wind vom Gletscher herüberwehte,
wurde es schnell kühl. Wir testeten unsere Kocher und bereiteten unser Abendessen vor. Unsere Vorbereitungen für unsere Grönlandreise hatten 1 1/2 Jahre gedauert, und jetzt begann endlich unser Abenteuer!

Der Morgen am Gletscher war frisch; Ulis Zelt hatte Raureif. Nachts hörten wir immer wieder die Eisabbrüche vom Gletscher; es hörte sich an wie der Donner bei einem Gewitter. Die Landschaft war wunderschön und absolut ruhig, einzigartig. Nach unserem Frühstück packten wir unsere Sachen zusammen und machten uns auf den Weg zu unserem vereinbarten Treffpunkt. Das Gelände hier war schon ein kleiner Vorgeschmack, was uns auf dem Trail erwarten würde: steile An– und Abstiege.

Abbildung 2 Blick zum Aajuitsup Tasia See

Zu unserem Treffpunkt benötigten wir 50 Minuten, und pünktlich gegen 10 Uhr fuhr unser Guide auf der Schotterpiste vor. Heute war ein anderer Fahrer am Steuer; er sollte uns mit dem Toyota von gestern zu Beginn des Arctic Circle Trails bringen. Auf der Fahrt erzählte er uns interessante Sachen über die Umgebung.

Da gab es einen „Biersee", wo die Arbeiter, die die Schotterpiste bauten, ihr Bier kühl stellten, und zum Feierabend war es schön kalt.

Wir kamen abermals an dem abgestürzten Flugzeug vorbei und er zeigte uns die alte Straße der Amerikaner. Das Wrack des Flugzeugs war eines von dreien, die 1968 von Kanada kommend, während eines Schneesturmes in Kangerlussuaq zu landen versuchten. Aufgrund des Sturms hatte der Flugplatz einen Stromausfall, und die drei Militärmaschinen konnten keinen Kontakt zum Tower herstellen. Sie flogen weiter, stürzten aber wegen Treibstoffmangels ab. Alle drei Piloten konnten sich mit dem Schleudersitz retten. Die Überreste der abgestürzten Flugzeuge liegen bis heute in der Umgebung.

Außerdem gab es einen „Tomatensee", dort hielten wir an und er zeigte uns die „Tomaten". Es handelt sich um rötliche, tomatengroße Cyanobakterien, die hier in diesem See wachsen. Unser Guide erzählte uns noch, dass es weltweit nur drei Seen gibt, in denen solche großen Gebilde entstehen. Das Wasser ist hier auch giftig und kann die Leber schädigen.

Als wir weiterfuhren, kam plötzlich ein Polarfuchs auf die Straße. Er schaute uns an und trottete langsam am Rand der Straße vor uns her. Immer wieder schaute er sich nach uns um, bis er genauso plötzlich wie er kam, wieder in der Wildnis verschwand.

Dann zeigte er uns noch den Zuckerhut (Sugarloaf), einen Berg kurz vor Kangerlussuaq der eine gewisse Ähnlichkeit mit dem Zuckerhut in Brasilien bei Rio de Janeiro hat.

Um Kangerlussuaq herum findet man viele englischsprachige Bezeichnungen für Geländeformationen. Als die Amerikaner 1941 ihre Militärbasis hier errichteten, gab es an diesem Ort noch keine ständige Besiedelung und auch keine Bezeichnungen für die Berge, Seen, Flüsse und Täler. Die Namen sind also heute noch gebräuchlich.

Als Nächstes kamen wir an dem einzigen Wald Grönlands nördlich des Polarkreises vorbei. Dieser wurde von amerikanischem Militärpersonal ausgesät. Der Wald bestand aus einzelnen Baumarten, die aus der kanadischen Arktisregion stammen.

Und noch ein Kuriosum lag direkt neben der Schotterpiste: der nördlichste 18-Loch-Golfplatz der Welt, angelegt von zwei Piloten, die überall, wo sie landeten, Golf spielen wollten.

Wir kamen erneut durch Kangerlussuaq, vorbei am Flughafen in westlicher Richtung. Im Ort selbst hatte ich kurz noch einmal Internetempfang, sodass ich unserer Familie noch eine Nachricht schicken konnte, dass es uns gut geht. Wir hatten auch ein Satellitenkommunikationsgerät dabei, da es auf dem Trail keinen Mobilfunkempfang gab. Mit diesem Gerät hätten wir im Notfall einen SOS-Ruf absetzen können, falls wir uns verletzt hätten. Zudem war es damit möglich, kurze

Nachrichten nach Hause zu senden, was wir täglich gegen Mittag machen wollten.

Wir fuhren weiter, die Straße am Fjord entlang, vorbei an vielen Fels-Graffitis. Die meisten stammen noch aus der Zeit, als in Kangerlussuaq noch der amerikanische Militärflughafen war. Die Amerikaner verewigten dort meistens die Namen von ihren Liebsten, die sie in ihrer Heimat zurücklassen mussten.

Dann machten wir noch eine Rundfahrt durch den winzigen Hafen. Unser Guide erzählte uns, dass die großen Schiffe nicht bis ans Ufer fahren können, da das Wasser hier viel zu flach ist. Sie legen im Fjord an und werden mittels kleinerer Boote entladen.

Weiter ging es den Berg hinauf nach Kellyville. Von 1983 bis 2018 wurde hier an einem ionosphärischen Radar die arktische obere Atmosphäre erforscht. Vorbei an dem noch vorhandenen Radar ging es immer weiter den Berg hinauf. Oben angekommen stiegen wir an einem ehemaligen E-Werk aus, in dem alte Dieselmotoren standen. Unten im Tal, an der Straße, sahen wir noch mächtige Fundamente. Dort stand eine 300 m hohe Antenne, die von drei starken Kabeln gehalten wurde. Wir stiegen wieder ins Auto und fuhren zu den Fundamenten der Antenne. Dort war ein kleiner Platz, an dem uns unser Guide absetzte. Er wünschte uns noch viel Glück und fuhr dann zurück nach Kangerlussuaq.

Es war 11:30 Uhr und wir starteten unseren Arctic Circle Trail nach Sisimiut. Unser Weg führte uns am Anfang über die ATV-Strecke, stellenweise auch schon über den Trail. Die

Sonne schien von einem blauen Himmel herab und schnell kamen wir ins Schwitzen. Das Gewicht des Rucksacks war noch ungewohnt, und wir freuten uns schon auf „leichtere Zeiten". Jeden Tag wird der Rucksack durch das Essen der Nahrung leichter, dachten wir.

Nach ca. einer halben Stunde kamen wir an einen Wegweiser mit der halben roten Sonne an, dort bog der Arctic Circle Trail von der ATV-Strecke endgültig ab.

Nach einer weiteren halben Stunde kamen wir an der ersten Hütte an, die am See Hundesø lag. Das Wasser in den ersten drei Seen hier war salzig und somit ungenießbar. Die Hütte ist ein alter, abgewrackter Wohnwagen mit angebauten Schuppen. Auf der Terrasse haben wir unser Mittagessen eingenommen. Wir saßen dabei auf alten Klappstühlen und hatten sogar auch einen alten Tisch. Es sollte das letzte Mal bis Sisimiut sein, dass wir einige Dinge aus der zivilisierten Welt benutzen konnten. Mir war zu diesem Zeitpunkt jedoch nicht bewusst, dass ich einmal einen Stuhl vermissen würde.

Nach unserer Rast ging es zügig weiter. Das weite Land nahm uns in seinen Bann, und die Sonne schien von einem blauen Himmel herab. Aber das Gewicht des Rucksacks und das unbekannte Terrain machten uns doch bald zu schaffen. Plötzlich sahen wir unser erstes Rentier in Grönland. Es zog schnell an uns vorbei. Uli meinte scherzhaft: „So, jetzt haben wir am ersten Tag alles gesehen, wir können wieder heim."

Als wir die drei Salzseen passierten, lag vor uns ein größerer See, und wir beschlossen, dort unser Lager aufzuschlagen.

Wir gingen den Trail noch etwas weiter und fanden ca. 200 m vom See einen geeigneten Platz für unsere Zelte. Der Weg zum See führte über ein trockenes Hochmoor. Der Boden gab bei jedem Schritt fast 10 cm nach, ohne dass es feucht wurde. Das gute Wetter nutzten wir noch aus, um uns im See zu waschen. Es war so warm, man hätte hier am Ufer leicht ein Strandbad errichten können. Kaum zu glauben, dass wir in Grönland ca. 50 km nördlich des Polarkreises waren! Es kamen auch noch einige Wanderer vorüber, die weiterzogen. Abends sahen wir dann noch, dass unten am See zwei Wanderer ihre Zelte direkt am Ufer aufschlugen.

Beim Abendessen saßen wir noch auf einem größeren Stein und genossen unser Essen und die Abendsonne. Später liefen dann doch noch mehr Wanderer vorbei.

Die Sonne geht hier zu dieser Jahreszeit erst gegen 23:00 Uhr unter. Eigentlich hatten wir viel Zeit zum Wandern, aber mehr als 8 Stunden pro Tag wollten wir nicht unterwegs sein. Morgens wollten wir immer zeitig aufstehen; die Sonne geht hier ca. um 6:00 Uhr auf. Unser Tag endete bald, und wir legten uns in unsere Zelte. Es war noch so warm, dass wir unsere Schlafsäcke nur als Decken nutzten.

Kurz nach 5:00 Uhr klingelte mein Wecker. Uli war auch bald fertig, sodass es zeitig Frühstück gab. Das Wetter war umgeschlagen; es war bewölkt und kühl.

Um 8:00 Uhr ging es los. Nach einem kurzen Anstieg durchquerten wir ein Plateau. Am nächsten See trafen wir dann die Wanderer, die tags zuvor an uns vorbeigezogen waren. Es handelte sich um eine größere Gruppe von 13 Personen: Schweizer, Finnen und Deutsche.

Wir zogen weiter, es gab immer wieder Anstiege. Einmal kamen wir vom Trail ab, und vor uns war kein Weg mehr zu sehen. In einiger Entfernung sahen wir einen See, und es sah so aus, als stünde dort ein Zelt. Als wir uns kurz umschauten, zog hinter uns die Gruppe vorbei. Ein kurzer Blick auf die Landkarte zeigte uns, dass wir hier falsch waren. Um wieder auf den Trail zu gelangen, überquerten wir einen Hügel.

Nach dem Abstieg erwartete uns die erste Furtquerung: Zwei Seen, die durch einen Bach verbunden sind. Vor dem Bach war alles überflutet und auch sehr morastig. Wir ließen die Gruppe vorgehen und machten eine Rast.

Abbildung 3 Vor der Furtquerung

Es sah so aus, als hätte diese Gruppe einen Anführer, der sich auskannte. Er ging voran und der Rest der Gruppe sollte nachkommen. Die Überquerung war nicht einfach, das sah man von unserer Position aus. Im Wasser standen die Wanderer bis zu den Oberschenkeln. Einzeln und in kleineren Gruppen versuchten sie die Überquerung zu bewältigen. Eine Frau fiel kurz ins Wasser, eine andere steckte im Morast fest. Der Anführer rief auf Deutsch: „Komm jetzt, wir wollen weiter." Schließlich gelang es der Frau, die im Morast feststeckte, sich zu befreien und den Bach zu überqueren. Uns wurde etwas mulmig, nun mussten wir rüber. Wichtig war, dass unsere Sachen nicht nass werden und der Rucksack trocken blieb. Gerade als wir unsere Sachen zusammenpackten, um die Furt zu meistern, kamen noch zwei Wanderer, die die Furt recht schnell überquerten. Einer von den beiden ging dabei etwas auf der linken Seite und es hatte den Anschein, dass es dort nicht so tief und auch nicht morastig wäre. Das wollte ich auch machen.

Wir zogen unsere Wanderstiefel und Socken aus, die Stiefel banden wir zusammen und hängten sie uns um den Hals. Beide zogen wir unsere Wasserschuhe an. Ich gab Uli noch einen Wanderstock und los ging es. Das Adrenalin schoss durch unsere Körper. Dadurch war es uns nicht bewusst, wie kalt das Wasser war. Bis zum Bach war alles okay, dann wurde es tiefer. Im Bachbett waren große Steine, auf einem Stein rutschte ich mit dem rechten Fuß ab und kam zwischen zwei Steinen zum Stehen. Da hatte ich Glück; wäre ich umgefallen, wäre mein Fuß wahrscheinlich eingeklemmt und gebrochen worden. Am Ufer sah ich, wie das Blut vom Knöchel rann, aber zunächst hatte ich dafür keine Zeit. Uli war noch unterwegs und steckte vor dem Bach auch im Morast fest. Also nahm ich meinen Rucksack ab und ging wieder ins Wasser, um Uli zu helfen. In dem Moment schaffte sie es jedoch, sich aus eigener Kraft zu befreien. Als wir beide am Ufer waren, verschnauften wir kurz; Uli untersuchte meine Wunde, zum Glück nur eine Schürfwunde. Sie desinfizierte alles und klebte ein Pflaster darauf.

Weiter ging es bergauf und bergab. Unterwegs trafen wir erneut auf die Gruppe, die gerade eine Rast machte. Jetzt waren wir wieder vorn. Unser heutiges Etappenziel war eigentlich Katiffik, die Hütte am Amitsorsuaq, dem längsten See unserer Wanderung. Wir vermuteten jedoch, dass die 13-köpfige Gruppe dort ihr Nachtlager aufschlagen würde und wir wollten in Ruhe zelten. Also beschlossen wir, etwa 3 km vor Katiffik unser Lager aufzuschlagen. Wir fanden zwischen zwei Hügeln direkt am Weg einen geeigneten Platz in unmittelbarer Nähe eines Sees. Gegen 15:30 Uhr endete also unser heutiges Abenteuer.

Es kam noch eine Gruppe von vier Wanderern vorbei, die beinahe falsch abgebogen wären. Uli zeigte ihnen den Weg, den wir zuvor schon ausgekundschaftet hatten. Zur Sicherheit legte sie aus kleinen Steinen noch einen Pfeil auf den Boden. Es wurde schnell kühl, und nach dem Abendessen kamen die ersten Regentropfen.

Apropos Essen: Ich hatte mich kurz vor unserer Reise umentschieden und eine andere Trekkingnahrung zum Abendessen gekauft. Es war eine neue Marke, die ich vorher nicht kannte. Die Mahlzeiten enthielten zwar mehr Kalorien, aber sie schmeckten einfach nicht gut. Nur essen musste ich sie trotzdem.

Ich untersuchte noch meinen Fuß und machte vorsichtshalber einen Verband auf die Schürfwunde.

Der Tag endete und wir schliefen bald ein.

An diesem Morgen fühlte ich mich nicht so gut; eine mögliche Erkältung war im Anmarsch. Nach unserem Frühstück packten wir schnell unsere Zelte zusammen und gingen los. Das Wetter war immer noch trüb und kühl.

Nach einigen Auf- und Abs erblickten wir hinter einer Biegung die Katiffik-Hütte, am über 20 km langen Amitsorsuaq-See. Dort waren auch noch drei Wanderer, die gerade loswollten. Von der großen Gruppe war nichts mehr zu sehen.

Über den See kann man auch mit einem Kanu fahren. Die Kanus gehörten ursprünglich zu einem Kanucenter an diesem See; jemand wollte Kanutouren anbieten, ging aber schnell pleite. Übrig blieb ein Kanucenter mit zwei Schlafräumen und sämtlichen Kanus. Diese können alle Wanderer auf dem Arctic Circle Trail kostenlos benutzen. Zudem hat die grönländische Tourismusbehörde auch schon neue Kanus finanziert.

Abbildung 4 Amitsorsuaq See

Aber das Wetter war windig und Wellen rollten über den See. Da war an Kanufahren nicht zu denken. Nach einer kurzen Rast ging es am Ufer weiter. Dieser See sollte uns fortan zwei Tage begleiten.

Von der Hütte aus sahen wir schon zwei Geröllfelder, die wir passieren mussten. Wir hatten ein Buch mit vielen Informationen über den Arctic Circle Trail dabei („Grönland: Arctic Circle Trail" aus dem Conrad Stein Verlag); darin stand: „Wenn Sie dieses Hindernis erfolgreich und ohne Abstecher ins kalte Seewasser gemeistert haben, freuen Sie sich einfach darüber, dass Sie das Schlimmste der Tour hinter sich gebracht haben." Wir waren dementsprechend gespannt und auf der Hut.

Nach kurzer Zeit erreichten wir das erste Geröllfeld, das wir gut durchqueren konnten. Das zweite Geröllfeld war da schon schwieriger; kubikmeter große Steinblöcke versperrten uns den Weg, und jeder Schritt musste wohlüberlegt sein. Aber schließlich schafften wir auch das ohne Probleme.

Jetzt fing es allmählich an zu regnen. Wie weit wir an diesem Tag kommen würden, wussten wir bislang nicht. Laut der Beschreibung des Buches gab es mehrere Möglichkeiten, zu zelten.

Der Trail am See war gut zu erkennen; es gab immer wieder kleinere Auf- und Abstiege, aber auch viele morastige Passagen. Gegen 13:00 Uhr erreichten wir die erste Zeltmöglichkeit und legten eine Rast ein.

Mir ging es immer schlechter, ich merkte, wie die Erkältung mich in den Griff bekam. Wir mussten aber weiter.

Danach sahen wir dann wieder ein Rentier. Es graste ca. 100 Meter von uns entfernt und zeigte wenig Scheu. Ein fantastischer Anblick - wir waren hier eins mit der Natur!

Später war ich dann so erschöpft, dass wir bereits an der zweiten Zeltmöglichkeit unser Camp aufschlugen. Meine Erkältung hatte mich jetzt fest im Griff; wahrscheinlich hatte ich sie mir auf dem Flug von Kopenhagen nach Kangerlussuaq im Flugzeug geholt. Da war die Klimaanlage sehr kühl, und ich hatte nur T-Shirt und Hose an.

Gegen 17:00 Uhr lag ich schon im Zelt, hatte keinen Hunger mehr und schlief bald ein.

GRÖNLAND, DEN 16. AUGUST

An diesem Morgen hörte ich keinen Wecker und wachte erst gegen 7:20 Uhr auf.

Uli hatte mir am Abend noch Hühnersuppe und eine Tablette hingelegt. Die Hühnersuppe gab es zum Frühstück und danach nahm ich die Medizin. Ich fühlte mich heute wieder etwas besser, also machten wir uns bald auf den Weg.

In der Nacht hatten wir Tierstimmen gehört, es klang, als ob ein Wolf immer wieder kurz heulen würde, aber hier in Grönland gibt es keine Wölfe. Wir waren über unser Gehörtes ratlos.

Das Wetter hatte sich gebessert, und der See war heute ohne Wellen. Der Platz, auf dem wir unsere Zelte aufgebaut hatten, war unterhalb eines Hügels. Als wir gegen 10:00 Uhr losgingen, sahen wir, dass oben auf dem Hügel ein Zelt und zwei Wanderer waren. Wir grüßten uns und gingen weiter. Aus der Ferne sahen wir noch weitere zwei Wanderer, die aus Richtung Katiffik kamen.

Plötzlich hörten wir das Heulen wieder und wieder. Wir blickten in Richtung des Heulens und sahen auf dem See eine Ente! Wir lachten kurz und beschlossen, dass diese Ente ab jetzt für uns die „Wolfsente" sei, wir sollten sie noch öfter auf unserem Trail hören und sehen.

Unser Trail führte uns weiter am Seeufer entlang, es gab kaum Höhenmeter, aber der Weg ging immer wieder durch

Senken, kurz bergauf und bergab. Einen richtigen ebenen
Weg gab es auf der gesamten Tour fast gar nicht. Dieses Auf
und Ab zerrte an unseren Kräften, zwischendurch gab es als
Abwechslung immer wieder morastige und nasse Stellen.

An der nächsten Landzunge sahen wir noch ein Zelt mit
zwei Wanderern und einem Kanu. Als wir kurz Rast machten,
überholten uns die beiden Wanderer von heute Morgen. Dann
ging es weiter, bis wir auf einem Hügel ein großes Steinmännchen mit der halben roten Sonne erblickten, dort hielten wir
dann Mittagsrast. Auf dem See erblickten wir ein Kanu mit
zwei Personen.

Der See war heute friedlicher als gestern und man konnte
weit über den See in östlicher und westlicher Richtung blicken.
Absolut stille Natur, weit und breit, war nichts von Menschen
gemachtes war zu sehen. Die Umgebung hat sich hier seit
zehntausenden von Jahren nicht verändert, unglaublich schön!

Nach unserer Rast ging es zügig weiter, vielleicht schaffen wir heute eine längere Strecke. Der See hat mehrere Landzungen und von einer erblickten wir so gegen 15:15 Uhr in der Ferne das Kanucenter.

Auf dem Weg dorthin passierten wir abermals ein Geröllfeld. Volle Konzentration war angesagt. Plötzlich kam von hinter uns ein „Hey", es hatte uns eine einzelne Wanderin eingeholt. Nach dem Geröllfeld überholte sie uns schnell und wir machten erneut eine kurze Pause. Dann ging es weiter zum Kanucenter. Auf dem Weg dorthin sahen wir noch ein Kanu auf dem See mit zwei Personen.

Am Kanucenter angekommen entdeckten wir die einzelne Wanderin, sie hatte hier schon ihr Zelt aufgeschlagen. Wir sahen am Ufer vor dem Kanucenter ein leeres Kanu liegen und gingen in das Kanucenter hinein. Dort sollten auch Fragebögen zum ACT von der grönländisches Tourismusbehörde liegen, die man ausfüllen sollte.

In der Hütte saßen vier Wanderer an einem Tisch und unterhielten sich auf Englisch. Ich verstand natürlich kein Wort. Später sahen wir die beiden Paare auf unserer Trekkingtour immer wieder. Uli fragte, ob wir das Kanu draußen nehmen könnten, und sie bejahten es. Die Formulare zum Ausfüllen fanden wir nicht, also gingen wir wieder schnell aus der Hütte, um uns das Kanu zu sichern. Damit konnten wir noch die restlichen drei Kilometer bis zum Ende des Sees entlangfahren.

Vor dem Kanucenter sahen wir die beiden Wanderer von heute Morgen, die gerade aufbrachen. Wir waren froh, dass wir jetzt mit dem Kanu fahren konnten, sodass wir noch am selben Tag das Ende des Amitsorsuaq erreichen würden. Wir zogen die Schwimmwesten an, und losging die zügige Fahrt. Aber Paddeln ist nicht so einfach, wenn man eine bestimmte Richtung halten muss. Aufgrund unserer unterschiedlichen Kraftentfaltung war es schwierig, eine gerade Strecke zu fahren. Uli paddelte unermüdlich, ich versuchte, unsere Richtung beizubehalten. Zum Ende des Sees gab es ein paar Untiefen, die wir umfahren mussten. Nach einer guten Stunde paddeln erreichten wir dann das Ende des Sees. Wir zogen das Kanu an Land und für die Schwimmwesten gab es ein Gestell zum Aufhängen am Ufer. Auf dem Gestell lag eine Tafel Schokolade, von der ich mir ein Stückchen gönnte. Am Ufer lagen bereits zwei weitere Kanus, die wir noch besser sicherten. In einiger Entfernung lag auch noch ein zerbeultes Kanu mitten auf einem Steinfeld.

Heute war die bislang längste Etappe für uns; wir hatten bestimmt fünfzehn Kilometer geschafft und somit waren wir wieder im Plan.

Wir bauten unsere Zelte auf, dann gab es etwas zu essen und Uli ging danach noch baden im See. Mehr oder weniger spürte ich den Tag über, dass ich am rechten Fuß eine Blase bekommen hatte. Ich konnte aber jetzt nichts feststellen.

Später regnete es wieder, wir waren aber jetzt im trockenen Zelt und schliefen bald ein.

Der Wecker beendete um 5:30 Uhr unseren Schlaf. Am See war noch alles ruhig; es war bewölkt, aber es sah nicht nach Regen aus. Nach unserer morgendlichen Routine waren wir gegen 9:30 Uhr bereit zum Abmarsch.

Der erste Teil unserer heutigen Etappe führte uns vom A-mitsorsuaq zum Tasersuaq, immer westlich des Abflusses vom Amitsorsuaq entlang. Das Tal ist hier ca. 2 km breit und wird von imposanten Felsformationen eingefasst. Auf unserem Weg gab es natürlich auch einige morastige Stellen, die wir umge-hen mussten. Steinmännchen zeigten uns den Weg. Je näher wir dem nächsten See kamen, desto deutlicher konnten wir in der Ferne den schneebedeckten Gipfel des Pingu mit seinen 1306 Metern Höhe sehen.

Am Trail gab es immer wieder leckere Rauschbeeren, die wie Blaubeeren schmecken. Einmal fand ich eine Stelle mit vielen Beeren, kniete mich hin und aß ein paar davon. Als ich wieder aufstehen wollte, schaffte ich es nicht, weil ich noch meinen Rucksack auf meinem Rücken hatte. Zum Glück war Uli in der Nähe und sie half mir, wieder auf die Beine zu kom-men.

Nach ca. 2,5 Stunden fanden wir die Überreste eines Ren-tieres. Nur noch das Skelett und das Fell lag hier; das Fleisch war vom Jäger mitgenommen worden.

Nach einer weiteren guten Stunde erreichten wir an einem Steinmännchen den See Tasersuaq, der an dieser Stelle eine größere Ausbuchtung hat, die Kangerluatsiarsuaq heißt. Auf dem Weg sahen wir auch noch einige Rentiere. Wir kamen zu einer Erhöhung am Kangerluatsiarsuaq und legten hier unsere Mittagsrast ein.

Unten am Ufer packten zu der Zeit zwei Wanderer ihr Zelt zusammen. Aus Richtung Kanucenter kamen auch zwei andere Wanderer, die wir am Vortag getroffen hatten. Sie erzählten uns, dass sie die beiden Wanderer unten am Ufer kannten und sie immer erst gegen Mittag starteten. Sie stiegen zum See hinab und machten bei den anderen beiden Wanderern eine Rast.

Jetzt spürte ich wieder meine Füße, die anfingen, Blasen zu bekommen. Ich zog die Socken aus und sah, dass es tatsächlich schon sichtbar war. Uli holte aus dem Erste-Hilfe-Set Blasenpflaster heraus, und ich klebte es an beide Hacken und sicherte es mit Tape.

Nach unserer Mittagsrast gingen wir zum See hinunter und füllten unsere Wasservorräte auf. Auf dem See schwamm wieder unsere „Wolfsente" und begrüßte uns.

Weiter ging es über eine hügelige Landzunge, bis wir am Westufer des Kangerluatsiarsuaq einen wunderschönen Sandstrand erblickten. Dort waren bereits die beiden anderen Wanderpärchen und machten eine Rast. Wir gingen jedoch weiter, vor uns lag noch eine teilweise morastige Ebene.

Abbildung 5 Sandstrand am Kangerluatsiarsuaq See

Gegen 16:15 Uhr begann der steile Anstieg ins Fjäll. Das Wetter war gut, der Aufstieg war daher weniger gefährlich. Unterwegs sahen wir auch noch einen Schneehasen, der geduckt in der Vegetation saß. Als wir oben im Fjäll ankamen, fing es leicht an zu regnen. Der Anstieg war sehr anstrengend für uns, aber von hier aus hatten wir einen wunderschönen Ausblick auf den Tasersuaq und den Pingu. Wir gingen noch weiter, bis wir an einen kleinen länglichen See kamen, wo wir dann unmittelbar am Ufer gegen 17:30 Uhr unsere Zelte aufbauten.

Es war heute eine anstrengende Etappe mit herrlichen Landschaften. Grönland zieht uns immer mehr in den Bann.

GRÖNLAND, DEN 18. AUGUST

Wie immer klingelte heute Morgen um 5:30 Uhr der Wecker. Es war bewölkt, aber trocken. Unsere Morgenroutine ermöglichte es uns, schon um 8.30 Uhr zu starten.

Abbildung 6 Im Fjäll

Oberhalb unseres Camps stand das Zelt der zwei Wanderer, die wir am Vortag getroffen hatten. Er kam aus Dänemark und sie aus Schweden; soviel wussten wir schon. Ganz verschlafen lugten sie aus ihrem Zelt, als wir vorbeigingen.

Der Trail führte weiter bergauf durch das Fjäll. Vorbei an unzähligen kleinen, namenlosen Seen sahen wir nach gut 2 Stunden in der Ferne an einem See die Ikkatooq-Hütte. Nach einer weiteren Stunde erreichten wir die Hütte dann endgültig. Unterwegs sahen wir auch ein Rentier, das uns anstarrte.

Neben der Hütte stand das Zelt des anderen Wanderpärchens, das immer erst gegen Mittag losging. Auf dem See schwamm unsere „Wolfsente" und begrüßte uns. Es war jetzt 12:00 Uhr, also Zeit für eine Mittagsrast. An der Außenwand der Hütte gab es in der Sonne eine Bank – eine Wohltat, mal wieder auf einem Sitzmöbel zu sitzen.

Hier in der Wildnis lernt man erst richtig, wie gut es uns zu Hause doch geht.

Das andere Wanderpärchen kam auch bald vorbei und machte ebenfalls Rast. Die „Langschläferwanderer" packten ihr Zelt zusammen und gingen los. So sahen wir, wo der nächste Aufstieg weiterging. Laut Beschreibung war der Weg teilweise gefährlich; er führte über Felsen nach oben ins Fjäll.

Wir beendeten unsere Mittagsrast und begannen den Aufstieg. Nachdem wir den felsigen Teil des Anstieges gut gemeistert hatten, ging es noch höher.

Bei unserer Rast an der Ikkatooq-Hütte hatten wir uns auf der Landkarte bereits einen See ausgesucht, an dem wir heute unser Lager aufschlagen wollten. Diesen Platz sahen wir dann auch bald. Es war zwar erst 14:30 Uhr, als wir unsere Zelte aufbauten, aber dieser See war der einzige größere auf dieser Hochebene.

Das nordische Wanderpärchen kam kurz danach vorbei und Uli unterhielt sich noch mit ihnen. Sie wollten eventuell die südliche Route nehmen, die an der nächsten Hütte abzweigen sollte.

Für den nächsten Tag war geplant, durch das breite Flusstal des Ole's Lakseelv zu wandern. Dort sollte es von Moschusochsenfliegen und Mücken nur so wimmeln. Den Fluss kann man durch Furten oder eine weiter flussabwärts befindliche Brücke überqueren, was wir auch vorhatten.

Es war heute eine kürzere Etappe, um für die morgige schwere Durchquerung des Flusstals Kräfte zu sammeln.

GRÖNLAND, DEN 19. AUGUST

Wir waren gegen 8:15 Uhr startklar. Unsere Morgenroutine wurde immer besser; alles, was man unmittelbar benötigte, hatte seinen Platz.

Am Nachmittag des vorherigen Tages gab es noch ein paar Wolkenlücken, mittlerweile war es jedoch durchgehend bewölkt, aber ohne Regen. Da wir am Vortag nur eine kurze Etappe gelaufen waren, wollten wir unbedingt „Strecke" machen.

Zunächst ging es weiter über die Hochebene, bergauf und bergab, bis wir nach ca. einer Stunde das breite Flusstal des Ole's Lakseelv erreichten. Wir konnten kilometerweit ins Tal blicken und überlegten, wie wir am besten die Brücke erreichen konnten. Der kürzere Weg wäre, den Fluss zu furten, aber dieser war dieses Jahr wieder tief und die Strömung sehr stark. Das gesamte Flusstal ist stellenweise sehr morastig. Von oben sah man hellere, größere und kleinere Flecken im Tal, die nach Morast aussahen.

Für den Weg zur Brücke gab es zwei Möglichkeiten: 1. entlang des Flusses, der sich in vielen Schleifen durch das Tal windet, oder 2. entlang der Ausläufer der Hügelkette südlich des Flusses und dann das Tal zur Brücke durchqueren. Laut Beschreibung gab es im Tal keinen richtigen Trail, also mussten wir uns entscheiden.

Erstmal ging es jedoch hinunter ins Tal. Plötzlich kam uns auf dem Trail ein Rentier entgegen. Es war vollkommen entspannt und bog ungefähr 200 Meter vor uns in die Wildnis ab. Wir blieben erstaunt stehen und beobachteten das Tier. Es hatte absolut keine Scheu, obwohl wir uns im traditionellen Jagdgebiet der Inuit befanden.

Im unteren Drittel des Abstiegs kamen uns vier Wanderer entgegen. Uli fragte sie, welchen Weg sie durch das Tal genommen hatten. Sie waren über die Brücke gegangen und dann am Fluss entlang. Die helleren Flecken im Tal waren offenbar schlammige Stellen, die größtenteils jedoch schon trocken und begehbar waren. Nach diesen Informationen war für uns klar, dass wir diesen Weg wählen würden. Sie erzählten und zeigten uns auch die ungefähre Position der Brücke und eines dahinterliegenden Camps.

Unten im Tal angekommen war es immer noch sehr kühl, aber dafür gab es keine Moschusochsenfliegen und auch keine Mücken. Der erste Teil des Weges verlief in Richtung Fluss und war auch gut zu erkennen. Es gab noch einen Wegweiser zur Brücke, dann wurde es schnell morastig, ein Trail war nicht mehr zu erkennen.

Abbildung 7 Wegweiser im Flusstal

Als wir den Fluss sehen konnten, lagen am anderen Ufer einige Boote mit Außenbordmotoren. Sie gehörten den Inuit, wie wir später feststellten.

Wir mussten uns weiter einen Weg flussabwärts zur Brücke suchen. Immer wieder mussten wir umkehren, da wir im Morast landeten. Einmal steckten meine Wanderstöcke im Morast fest und beim Herausziehen blieb von einem Stock der Gummipuffer im Schlamm. Wir fanden ihn nicht wieder, sodass ich den restlichen Weg mit unterschiedlichen Wanderstöcken zurechtkommen musste.

Der Weg zur Brücke war sehr anstrengend und kostete viel Kraft. Im Tal überholte uns noch die einzelne Wanderin, die wir schon einmal kurz vor dem Kanucenter getroffen hatten.

Gegen 13:00 Uhr erreichten wir endlich die Brücke und sahen auch das Camp am anderen Ufer. Es waren Inuit mit ihren Familien dort; Kinder spielten im Lager und wir sahen auch ein ATV-Quad. Am Ufer des Flusses lagen ihre Schiffe, der Fluss mündet hier in einen Fjord, der über den Wasserweg mit Sisimiut verbunden ist.

Vor der Brücke machten wir erst einmal unsere Mittagsrast, denn durch den morastigen Weg im Tal waren wir schon ziemlich erschöpft. Hinter dem Inuit-Camp war ein Hügel und dahinter sollte unser Trail sein. Wenn wir diesen erreicht hatten, würde der Trail noch um einen Berg herumgehen, bevor wir die nächste Hütte erblicken konnten.

Doch zuerst mussten wir über die Brücke, um den reißenden Ole's Lakseelv zu überqueren. Die Brücke sah sehr abenteuerlich aus; im Jahr 2023 war sie an einer Seite durch den hohen Wasserstand in den Fluss gestürzt. Sie wurde jedoch schnell von Jägern repariert. Einzeln überquerten wir die Brücke, und es ging alles gut.

Bis zum Trail war es noch knapp einen Kilometer. Auf dem Weg dorthin kamen wir noch an den Hinterlassenschaften der Jagd auf Rentiere vorbei; danach ging es stetig leicht bergauf und um den Hügel herum bis zur nächsten Hütte.

Nachdem wir wieder auf dem Trail waren, überholte uns plötzlich aus Richtung Furt kommend ein junger Mann auf einem Mountainbike. Das stelle ich mir sehr anstrengend vor. Seine Spur sahen wir noch einige Tage später immer wieder.

Als wir dann um den Hügel herum gingen, erblickten wir endlich die nächste Hütte. Es war die Eqalugaarniarfik-Hütte -

kurz gesagt, die Hütte mit dem unaussprechlichen Namen. Ich
sagte zu Uli: „Bis zur Hütte gehe ich noch, aber dann keinen
Schritt weiter; ich bin fix und fertig." Hinter der Hütte sah man
auch, wo der Trail weiterging - einen etwa 300 Meter langen
Anstieg ins Fjäll.

An der Hütte angekommen, gingen wir hinein; sie war leer.
Es war aber auch erst 14:30 Uhr, also noch zu früh, um den
Tag zu beenden. Uli holte eine Überraschung aus ihrem Rucksack: Waffeln zum Vespern. Dadurch konnte ich wieder meinen Energievorrat auffüllen. Nach ca. 30 Minuten Pause beschlossen wir, den vor uns liegenden Anstieg ins Fjäll doch
noch in Angriff zu nehmen. Auf der Karte sahen wir, dass es
oben im Hochland auch einen See gab, wo wir übernachten
könnten. Also Rucksack wieder auf den Rücken, und los ging
es.

Der Anstieg war nicht schwierig, aber herausfordernd.
Rechts von uns sahen wir beeindruckende Felsformationen
und davor noch einen Abfluss von dem nächsten See oberhalb
von uns. Die Landschaft hier ist einmalig und entschädigt für
alle Anstrengungen. Als wir uns dann noch einmal umdrehten,
sahen wir vier Wanderer, die an der Hütte ankamen und of-
fensichtlich dort auch blieben.

Schließlich fanden wir gegen 17:30 Uhr den See, wo wir
unsere Zelte aufbauen wollten. Meine Uhr hat ein Barometer,
das einen Wetterwechsel ankündigte. Direkt am See war der
Untergrund jedoch nicht optimal für unsere Zelte. Uli suchte
uns dann einen Platz am Trail oberhalb des Sees, zwischen

zwei Hügeln. Hier sollten wir auch vor schlechtem Wetter ge-
schützt sein.

Uli holte dann noch frisches Wasser vom See; nach dem
anstrengenden Tag war ich komplett erledigt.

Am nächsten Tag sollten wir den ATV-Track erreichen, der
uns bis Sisimiut begleiten sollte. Er ist sehr umstritten, da er
mehr in die Natur eingreift als unser Arctic Circle Trail. Wir er-
hofften uns jedoch, auf dem ATV-Track schneller ans Ziel zu
kommen.

So endete dieser Tag bald in unseren Zelten.

Ein kühler und feuchter Morgen weckte uns um 5:30 Uhr. Wenige Schritte nördlich von unserem Camp hatten wir eine gigantische Aussicht auf verschiedene Seen im Tal, mit einer Bergkette dahinter.

Schnell noch ein paar Fotos gemacht, und gegen 8:40 Uhr waren wir dann abmarschbereit. Die ersten Kilometer gingen weiter auf der Hochebene, auf und ab. Nach ca. einer Stunde sahen wir den nächsten größeren See, zu dem wir von der Hochebene absteigen mussten.

Unten angekommen am See wurde der Trail wieder morastiger. Wir gingen westlich des Sees weiter, bis wir den nächsten See erreichten.

Unterwegs bot die Tundra uns auch einige Snacks in
Form von Beeren an. Die Rauschbeere gab es jetzt immer weniger, dafür fanden wir viele Krähenbeeren. Die sind zwar sau-
rer, haben aber viele Vitamine.

Hier stieß der ATV-Track auf unseren Trail; er war teilweise noch morastiger durch die ATV-Quads, die ihn benutz-
ten. Der ATV-Track verbindet Kangerlussuaq mit Sisimiut und
soll zukünftig noch mehr Touristen in diese Gegend führen.
Inwiefern dieser Track zukünftig geschottert wird oder nicht,
ist uns nicht bekannt.

Der jetzige See war größer als der davor, sodass wir weiter an seinem westlichen Ufer in nördlicher Richtung gingen.
Unsere „Wolfsente" war natürlich auch schon da und beglei-
tete uns mit ihren Rufen.

In den See mündeten verschiedene kleine und manchmal
auch größere Bäche, die wir durchqueren mussten. Plötzlich
hörten wir ein „Hey" hinter uns. Die einzelne Frau hatte uns
eingeholt und war schnell vorbei. Gefühlt war hier jeder
schneller als wir.

Unser Trail bog später nach Westen ab, immer am Hang
einer Hügelkette auf der einen Seite und am See sowie dessen
Zuflüssen auf der anderen. Es fing an zu regnen, und die Mücken waren ebenfalls sehr aktiv. Wir nannten diesen Ort das
„Tal der weiß-beinigen Mücken".

Am nächsten See wurde es wieder sehr morastig; Uli
hatte erneut nasse Füße, weshalb wir beschlossen, an der vor

uns liegenden Hütte zu zelten. Nur noch um einen Hügel herum und dann war die Innajuattoq II Hütte in Sicht - bis dahin war es jedoch noch ein morastiger Weg.

Kurz vor der Hütte überholte uns noch eine vierköpfige Wandergruppe aus Österreich, die ersten deutschsprachigen Wanderer auf dem Trail.

Als wir unsere Zelte in Sicht der Hütte an einem weiteren See aufbauten, kam noch ein einzelner Wanderer aus Deutschland an, der ebenfalls sehr erschöpft wirkte. Er erzählte uns, dass die Gruppe aus Österreich eine halbe Stunde nach ihm gestartet war und immer mit großem Tempo unterwegs sei. Er berichtete auch von einem kleinen Tundra-Brand an einem See mit Sandstrand, den sie jedoch löschen konnten. Zudem erzählte er von zwei Wanderern aus Alaska, die mit ihren Wanderstiefeln durch die erste Furt liefen. Auf seine Nachfrage, warum sie das taten, erklärten sie ihm, dass so etwas in Alaska normal sei und sie das schon von Kindesbeinen an gewöhnt waren.

Es kamen noch einige andere Wanderer an, sodass das Gelände um die Hütte sich gut mit Zelten füllte. In der Nähe stand noch die Innajuattoq I Hütte auf einem Hügel, die jedoch von unserem Standort nicht sichtbar war.

Wir schauten auf der Landkarte nach unseren restlichen Etappen. Wir hatten noch drei Tage bis zum Check-in im Hotel, und laut Beschreibung standen uns insgesamt auch noch drei Etappen bevor, zweimal 17,5 km und die letzte Etappe von 22,5 km. Ob wir das schaffen würden? Wir müssten ab

jetzt auf jeden Fall von Hütte zu Hütte laufen, um unser Ziel
zu erreichen.

An diesem Morgen waren wir bereits um 8:15 Uhr abmarschbereit. Wir mussten entlang des vor uns liegenden Sees laufen und die dahinter liegende Hügelkette hinauf. Genau dort schwebte eine Wolke über den Hügelkamm.

Zunächst galt es jedoch, einen Bach zu furten, der sich unmittelbar hinter der Hütte befand. Er war sehr breit; wir suchten lange nach einer Stelle, wo wir ihn trockenen Fußes überqueren konnten. Schließlich mussten wir doch unsere Schuhe und Socken ausziehen und furten. Am anderen Ufer erneuerte ich den nassen Verband, die Blasenpflaster und das Tape an meinem Fuß. Den Verband hatte ich seit 7 Tagen am Fuß, seit ich beim ersten Furten abrutschte und mir eine Schürfwunde am Knöchel zuzog. Als Uli meinen Fuß sah, sagte sie: „Das sieht einfach nicht gut aus." Ich hatte aber keine Schmerzen, somit war für mich alles gut.

Diese Bachüberquerung kostete uns allerdings viel Zeit. Weiter ging es am Ufer des Sees entlang, wo alles feucht und morastig war. Am Ende des Sees mussten wir dann die Hügelkette hinauf. Die ersten Wanderer von der Hütte holten uns ein; es waren doch mehr Österreicher, als wir gedacht hatten.

Abbildung 8 Hügelkette am Ende des Sees

Oben angekommen war natürlich nicht richtig oben; im stetigen Bergauf und Bergab ging es weiter den Berg hinauf. Der ATV-Track kreuzte ein paar Mal unseren Trail, und bald darauf sahen wir das nächste Flusstal.

Die Berghänge waren einfach gigantisch: Felsen, Felsabbrüche und immer wieder kleine Wasserfälle. Ganz oben waren noch Reste von Schnee zu sehen. Immer wieder lagen auf den Höhen der Felsen kleinere und größere runde Steine, wie von Gletschern bewegt und rund geschliffen. Eine archaische Natur – unglaublich schön!

Unterwegs fing es an zu regnen, aber zwischendurch ließ sich auch mal die Sonne blicken.

Dann sahen wir die Biegung, die das Tal und der Trail machten, und dahinter sollte die nächste Hütte zu sehen sein. Schließlich entdeckten wir sie: die Nerumaq-Hütte. Ungefähr 100 Meter davor gab es einen kleinen See, an dem wir unsere Zelte aufschlugen. Die vier Österreicher kamen ebenfalls an; sie waren erst gegen 11:00 Uhr gestartet und damit 5 Stunden unterwegs. Wir haben fast 8 Stunden für die Strecke gebraucht.

Es fing auch wieder an zu regnen, wir saßen aber im Trockenen. Der nächste Tag sollte uns nur im Flusstal entlangführen, aber laut Karte sollte der Trail sehr sumpfig werden.

GRÖNLAND, DEN 22. AUGUST

Wir hatten in der Nacht starken Frost. Die Regentropfen vom vorherigen Abend waren auf dem Zelt gefroren, und auf Uli's Zelt lag viel Raureif. Es war keine Wolke am Himmel, und der Mond stand noch über den Felswänden, die hier das schmale Tal begrenzten.

Zeitig ging es wieder los, und eine weitere Bachüberquerung galt es zu meistern. Schnell hatten wir diese geschafft und kamen gut voran.

Dann kam uns noch ein Wanderer entgegen. Uli musste wieder dolmetschen - er war aus London und erzählte uns, dass noch zwei weitere Bachüberquerungen vor uns lägen. Nach der ersten stürzt der Bach durch eine Schlucht, die wir umgehen müssten.

Auf dem Weg fanden wir uns plötzlich umgeben von knapp zwei Meter hohen Kriechweiden wieder. Sie standen sehr dicht beieinander, aber der Trail führte hindurch. Er schlängelte sich in vielen Windungen durch das Gelände, das hier auch von Senken und kleinen Bachläufen durchbrochen war. Nach etwa 200 Metern hatten wir die hohen Kriechweiden hinter uns gelassen. Es war das einzige Mal, dass wir auf unserem Trail durch solch hohen Gestrüpp gewandert waren.

Schließlich erreichten wir die erste Überquerung. Der Bach war hier schon ein kleiner Fluss, breit und mit einer sehr starken Strömung. Ich suchte am Ufer, ob es nicht doch einen

Weg durch die Schlucht gab, aber alles, was ich sah, war zu gefährlich. Also mussten wir uns einen Übergang suchen.

Wieder holte uns die einzelne Wanderin ein, und wir ließen ihr den Vortritt. Die Steine sahen sehr glatt aus und waren teilweise weit auseinander. Ich ging zuerst, das Adrenalin schoss durch meinen Körper. Doch schließlich erreichte ich trockenen Fußes das Ufer. Jetzt musste es nur noch Uli schaffen. Den ersten Teil meisterte sie problemlos, aber die Steine zum Schluss waren für sie zu weit auseinander. Kurz vor dem rettenden Ufer rutschte sie bis zu den Knien in den reißenden Fluss, konnte sich jedoch schnell am Ufer hochziehen. Trotzdem war sie jetzt nass, und da wir nach ein paar Hundert Metern den Fluss erneut überqueren mussten, gingen wir schnell weiter.

Von Weitem sahen wir die Wanderin, wie sie nach einem Übergang suchte. Hier war die Strömung nicht mehr so stark, ein Übergang war aber schwer zu finden. Der ATV-Track kreuzte auch den Fluss, und an dieser Stelle versuchten wir es. Steine gab es hier weniger, sodass wir Schuhe und Socken ausziehen und unsere Wasserschuhe anziehen mussten. Auch andere Wanderer von unserer letzten Hütte kamen vorbei und furteten ebenfalls.

Am anderen Ufer machten wir dann unsere Mittagsrast. Uli's Wanderstiefel waren jetzt durchnässt, sodass ich ihr meine wasserdichten Socken gab, die ich für den Notfall dabeihatte. Während unserer Rast sahen wir eine größere Gruppe von Wanderern, die von Sisimiut kamen - 14 Personen, die in Richtung der Schlucht gingen, wo ich keinen Weg finden konnte. Ob sie mehr Glück hatten? Wir sollten sie nicht mehr sehen.

Nach unserer Mittagsrast ging es weiter. Auf der Landkarte sahen wir, dass der Trail weiter durch sumpfiges Gelände führen sollte, während der ATV-Track nördlich um einen Berg herumführte. Welchen sollten wir wählen? Dort, wo der ATV-Track wieder auf unseren Trail stieß, kreuzte er einen Abfluss eines Sees. Aber wir hatten heute genug Flussüberquerungen gehabt, sodass wir die morastige Variante bevorzugten.

Wir liefen also weiter durch das Tal, der Fluss zu unserer rechten Seite. Viele morastige Wiesen und immer wieder kleine Hügel warteten auf uns. Wir mussten noch einen See im Süden umrunden, hier stieß auch die südliche Variante des Arctic Circle Trail dazu. Von einem Weg oder Trail war aber nichts zu sehen.

Nach der Umrundung des Sees sahen wir die Hütten; Kangerluarsuk Syd und Kangerluarsuk Nord. Wir steuerten die südliche Hütte an; sie war schon zum Greifen nah. Der letzte Teil der Tagesetappe ging dann stetig bergauf, durchbrochen von einigen Schluchten - sehr anstrengend, aber letztendlich erreichten wir unseren Platz neben der Hütte gegen 17:30 Uhr.

Ein langer, anstrengender Tag lag hinter uns. Kurz darauf kam das dänisch-schwedische Paar, das wir das erste Mal im Kanucenter getroffen hatten. Sie wollten die südliche Variante des Arctic Circle Trails laufen, die an der Eqalugaarniarfik-Hütte abzweigt. Nach einigen Kilometern auf der Südroute kehrten sie jedoch um und nahmen doch die Nordroute.

Der nächste Tag sollte die letzte Etappe sein, allerdings mit 22,5 km auch die längste. Wir beschlossen, noch zeitiger aufzustehen und es zu versuchen.

GRÖNLAND, DEN 23. AUGUST

Unser Wecker klingelte heute schon um 5:00 Uhr. Allmählich wurden andere Wanderer wach und bereiteten sich auf den letzten Tag vor. Um 7:45 Uhr starteten wir; selbst die vier Österreicher gingen heute kurz vor uns los.

Zunächst gingen wir oberhalb des Kangerluarsuk Tulleq Fjords entlang. Das Wasser war wie gebügelt, so glatt. Am anderen Ufer sahen wir verschiedene Fischerhütten, die ersten Vorboten einer Zivilisation.

Auf uns wartete jedoch noch ein steiler Anstieg ins Fjäll. Unterhalb des Anstiegs füllten wir erneut unsere Wasserflaschen. Der Anstieg war wie erwartet steil und schwer, aber Schritt für Schritt kamen wir der Hochebene näher. Endlich fast oben sahen wir in der Ferne noch viel höher gelegen, ein einzelnes Häuschen. Dort angekommen, ruhten wir uns kurz aus. Das Häuschen war ein Klohäuschen, wahrscheinlich die Toilette, mit der besten Aussicht. Aber wir mussten noch höher ins Fjäll, es wurde wieder kühler und wir mussten wieder einige morastige Gebiete durchqueren.

Oben angekommen sahen wir einige Berge, deren Gipfel mit Schnee bedeckt waren. Auf einem gegenüberliegenden Hügel stand ein Gebäude, es war die Hütte des Sisimiuter Schneescooter-Vereins.

Nach einer halben Stunde hörten wir plötzlich Baumaschinenlärm und ein Bagger kam in Sicht. Hier wurde am ATV-Track gearbeitet, es war schon fast eine halbwegs richtige

Straße. Uns wurde jedoch von entgegenkommenden Wanderern geraten, auf dem ACT-Trail zu bleiben, der ATV-Track mehr Höhenmeter zu überwinden hatte.

Wir gingen weiter, und nach einiger Zeit öffnete sich ein weites Tal. Links sahen wir den ATV-Track, und unten im Tal rauschten Bäche. Im Hintergrund war bereits der Hausberg von Sisimiut, der Nasaasaaq zu sehen. Es konnte also nicht mehr weit sein!

Abbildung 9 Nasaasaaq

Unten im Tal angekommen, hielten wir auf einem kleinen Hügel noch einmal Mittagsrast; es war jetzt 13:30 Uhr. Plötzlich hörten wir laute Propellergeräusche von einem startenden Flugzeug vom Sisimiut-Flughafen. Es musste uns heute gelingen, die Stadt zu erreichen!

Wir beendeten unsere Pause und stiegen weiter ins Tal hinab. Unten angekommen mussten wir noch einen Bach überqueren und danach ging es dann wieder bergauf. Der Nasaasaaq kam auf unserer linken Seite immer näher, und auf der rechten Seite sahen wir den Skilift von Sisimiut. Unterhalb des Skiliftes führte der ATV-Track, dort war ein ATV-Quad mit zwei Personen unterwegs, und sie winkten uns zu.

Der Trail führte uns mitten durch das Tal. Plötzlich waren vor, rechts und links von uns Abgründe. Der Trail hatte uns auf einen Felsen geführt, der ungefähr sechs Meter über die umliegende Landschaft herausragte. Wir sahen, dass der Trail links unterhalb des Felsens weiterging. Eigentlich war es unmöglich, dort hinabzusteigen. Ich schaute, ob es rechts besser hinabging, aber da fiel die Felswand senkrecht ab. Vor uns das Gleiche, also mussten wir doch links den Abstieg wagen. Ich ging voraus, um den Weg zu prüfen. Er war leichter, als er von oben aussah. Uli schaffte es dann auch ohne Probleme.

Ein Geröllfeld galt es noch zu überwinden - erneut volle Konzentration. Dann sahen wir endlich in der Ferne die Landebahn des Flugplatzes und später dann die ersten Häuser von Sisimiut.

Was für ein Gefühl! Wir haben es gemeinsam geschafft: die Durchquerung der arktischen Tundra zwischen Kangerlussuaq und Sisimiut, von der Eiskappe bis zur Küste.

Die letzten Kilometer wanderten wir auf dem ATV-Track. Nach ein paar Kurven hörten wir das Hundegebell aus der vorgelagerten Hundestadt von Sisimiut. Auf dem Weg dahin kam uns eine größere Gruppe von Menschen entgegen. Sie hatten alle die gleiche Jacke an, und ein Guide erzählte ihnen etwas. Als er uns sah, sagte er auf Englisch zu uns: „Jetzt habt ihr es bald geschafft." Er wusste natürlich, wo wir herkamen. Wie wir später herausfanden, war die Gruppe von einem der Kreuzfahrtschiffe, die hier regelmäßig im Hafen anlegen.

Bevor wir nach Sisimiut kamen, mussten wir noch an einem See entlang und eine Brücke überqueren. Dann erreichten wir gegen 16:00 Uhr die Hundestadt, wo alle Schlittenhunde in ihren Hütten untergebracht sind. Die Stadt Sisimiut liegt noch hinter einem Hügel.

Die ersten Fahrzeuge waren auf der Straße unterwegs und es wurden immer mehr, je weiter wir in die Stadt kamen. Ein komisches Gefühl, wieder in der Zivilisation zu sein.

Es war Freitagnachmittag, Rushhour in der zweitgrößten Stadt von Grönland. Sobald ich wieder Mobilfunkempfang hatte, sendete ich nach Hause, um unseren Lieben die Nachricht zu überbringen, dass wir am Ziel waren. Wir mussten noch durch die Stadt; unser Hotel lag hinter dem ehemaligen Kolonialviertel. Immer der Hauptstraße entlang, ohne Gehweg, mussten wir auf die Autos aufpassen.

Ältere einheimische Bewohner von Sisimiut lächelten uns an, mit Daumen hoch. Sie waren sich bewusst, welchen Strapazen wir in der Tundra getrotzt hatten. Wir kamen an dem ersten Supermarkt vorbei, der von 7 bis 23 Uhr geöffnet war, jeden Tag. Wie machen die das nur hier, fast am Ende der

Welt? Gegen 16:30 Uhr erreichten wir unser Hotel, mit dem Hafen in Sichtweite.

Einchecken, dann ab aufs Zimmer und unter die Dusche. Saubere Sachen hatten wir auch mitgenommen, sodass wir danach in das hoteleigene SB-Restaurant gehen konnten; hier essen auch viele Bewohner von Sisimiut.

Das Restaurant war gut besucht, Uli aß einen Chickenburger und ich Spareribs jeweils mit einer großen Portion Pommes.

Jetzt wurde uns erst richtig bewusst, was wir geschafft hatten. Für den ca. 170 km langen Trail haben wir 10,5 Tage gebraucht und dabei ungefähr 3600 Höhenmeter mit unseren Rucksäcken überwunden. Wahnsinn, wir haben den Arctic Circle Trail bezwungen!

Zufrieden, satt und warm gingen wir wieder nach dem Essen auf unser Zimmer und planten den nächsten Tag in Sisimiut.

GRÖNLAND, DEN 24. AUGUST

Wir hatten uns am Abend zuvor vorgenommen, bis 8:00 Uhr auszuschlafen. Das Bett war ungewohnt weich, und kurz überlegte ich, ob ich mein Zelt hinter dem Hotel wieder aufbauen sollte.

Beim Frühstück im Restaurant gab es Brötchen, Wurst, Käse, Kaffee, Tee, O-Saft und Kuchen - alles, was das Herz begehrte. Wir ließen uns Zeit und genossen das Frühstück. Gegen 11:00 Uhr begaben wir uns auf Entdeckungstour in Sisimiut.

Gegenüber unserem Hotel lag das alte Kolonialviertel von Sisimiut, heute ein Museum mit verschiedenen Gebäuden aus der Gründerzeit. Unseren Museumsbesuch mussten wir auf den morgigen Tag verschieben, da es samstags geschlossen ist.

Sisimiut liegt an der felsigen Westküste von Grönland, umgeben von hohen Bergen. Im Norden erhebt sich der Palasip Qaqqaa, weiter westlich davon mehrere unbenannte Berggipfel, südwestlich von Sisimiut das Nasaasaaq-Massiv. Die Straßen in Sisimiut entsprechen amerikanischem Standard, ohne eigenständige Gehwege. Hoch über der Stadt thront die neue katholische Kirche. Die Häuser von Sisimiut sind größtenteils holzverschalt und haben bunte Anstriche. Fast nie haben wir Dächer mit Dachziegeln gesehen; meistens liegt nur Dachpappe darauf, und Regenrinnen fehlen ebenfalls. Alles, was man hier benötigt, muss mit dem Schiff oder Flugzeug vom Festland herangeschafft werden. Zu den einzelnen Häusern führen oberirdisch verlegte, gedämmte Rohrsysteme, die wir als Fernwärmeleitungen vermuteten, da die allermeisten Häuser auch keine Schornsteine hatten.

Vereinzelt sahen wir auch Wärmepumpen an den Häusern und einige PKWs mit Hybridantrieb. Allerdings fuhren auch viele Pickups durch die Stadt; viele Suzukis und auch Fords sahen wir unterwegs.

Wir gingen die Hauptstraße entlang, da hier viele Geschäfte waren. Im Gegensatz zum gestrigen Tag war es etwas ruhiger auf der Straße. Zuerst kamen wir an dem größten Supermarkt von Sisimiut vorbei und gingen hinein. Auf dem Parkplatz davor standen nur wenige Autos und im Inneren war es für einen Samstag ungewohnt leer. Allerdings hat auch dieser Supermarkt jeden Tag von 7:00 Uhr bis 21:00 Uhr geöffnet, wie jedes Geschäft hier in Grönland. Das Angebot ist so wie bei uns, aber Gemüse und Obst sind abhängig von der Lieferung. Alkohol steht in einem kleinen Regal am Rande und ist nicht so präsent wie bei uns zu Hause. Auch gab es kleinere Packungen bei den Süßigkeiten und insgesamt weniger Auswahl. Im oberen Teil des Supermarktes fanden wir elektronische Geräte.

Danach setzten wir unseren Weg an der Hauptstraße fort. Direkt an der Hauptstraße liegt der große Friedhof von Sisimiut. Einige Neubauwohnblöcke gibt es in Sisimiut ebenfalls.

Wir schauten dann in verschiedenen kleinen Läden vorbei, in denen Bekleidung verkauft wurde. Keine Billigware, sondern vor allem hochwertige Outdoor-Markenbekleidung, die hier

auch etwas aushalten muss. Läden mit minderwertiger Bekleidung sucht man hier vergeblich. In der arktischen Tundra benötigt man schon strapazierfähige Outfits. Auf dem Rückweg
fanden wir noch einen Souvenirladen, in dem wir ausgiebig
stöberten.

Nach einer kühlen Cola an einem Café wurde uns nach einer Weile doch frisch, also gingen wir zurück in unser Hotel
und wärmten uns dort mit Tee auf. Zum Abend gab es dann
Moschussochsenburger, die sehr lecker waren.

Der letzte Tag in Sisimiut! Am nächsten Tag sollte der Flieger nach Kangerlussuaq zurückgehen. Am Abend hatten wir uns noch einen weiteren Rundgang durch die Stadt ausgesucht und wollten außerdem das Museum besuchen. Die Sonne schien durch die Wolkenlücken, und so ging es nach unserem Frühstück nach draußen.

Als Erstes gingen wir in südlicher Richtung zum Arctic Circle Viewpoint. Am Sonntag war es noch ruhiger in der Stadt. Die Kirchenglocken läuteten, und Menschen gingen in die Kirche. Auf dem Weg zu dem Aussichtspunkt kamen wir an dem ältesten Friedhof von Sisimiut vorbei, wo die ersten Siedler begraben liegen.

Vor vielen Häusern in Sisimiut standen Schneemobile, und vereinzelt lagen auch Boote daneben. An einem geöffneten Supermarkt kamen wir ebenfalls vorbei.

Auf dem Aussichtspunkt angekommen, bot er uns eine herrliche Aussicht auf das Meer und die umliegenden Berge. Von diesem Punkt sind es nur 300 km bis nach Kanada durch die Davisstraße, die die Baffin Bay im Norden und die Labradorsee im Süden verbindet.

Im Hafen sahen wir wieder ein großes Schiff anlegen; es war die MS Deutschland, die gerade auf großer Grönlandkreuzfahrt war. Überall leuchteten die bunten Häuser von Sisimiut in der Sonne.

Unser Spaziergang führte uns weiter; wir kamen an einer Reihenhaussiedlung vorbei. Es sah so aus, als wäre dort pro Haus nur ein Raum. Viele Kindergärten gab es auch und natürlich auch Spielplätze für die Kleinen.

Weiterhin passierten wir einen Suzukihändler. Neben Schiffsmotoren hatten sie auch viele Autos im Angebot. Die Neuwagen waren in Sisimiut teurer als bei uns zu Hause.

Vorbei am Wanderheim wollten wir natürlich heute noch alle Souvenirläden besuchen. Einige kleine Andenken für uns und unsere Liebsten zu Hause mussten einfach mit.

Im Museum angekommen hörten wir überall Deutsch sprechen; die Landgänger von der MS Deutschland waren schon da. Das Museum war sehr interessant, mit vielen Exponaten aus der Zeit der Kolonisierung durch Dänemark, aber auch zahlreichen Informationen und Objekten von den Inuit und deren Lebensweise.

Nach dem Museumsbesuch gab es einen kleinen, leckeren hausgemachten Snack im angrenzenden Café Ulu. Anschließend stand noch die Besichtigung des Hafens auf dem Programm. Er ist auch im Winter noch eisfrei, und hier gibt es eine Fischfabrik von Royal Greenland mit einer ansässigen Garnelenverarbeitungsanlage.

Im Hafen lagen viele kleine Fischerboote und einige größere, teilweise verrostete Schiffe.

Langsam wurde uns wieder kalt, sodass wir uns erneut in unserem Hotel bei einer Tasse Tee aufwärmten.

Am nächsten Mittag sollte uns dann unser Flieger wieder nach Hause bringen; die schöne Zeit in Grönland würde dann leider vorbei sein.

GRÖNLAND, DEN 26. AUGUST

Ein diesiger Tag erwartete uns heute.

Wir hatten den Shuttle-Service vom Hotel zum Flugplatz bestellt. Mit uns fuhr noch ein Wanderer, den wir unterwegs auf dem Trail getroffen hatten. Unser Fahrzeug war natürlich ein Pickup; die Innenkabine war mit uns drei Wanderern, dem Fahrer und unseren drei Rucksäcken überfüllt. Nach einer halben Stunde Fahrt kamen wir auf dem kleinen Flugplatz an.

Es gab nur einen Raum, in dem alles abgefertigt wurde; mehr gab es nicht. Hier landen nur kleine Propellermaschinen für Inlandsflüge. Unser Flugzeug kam, und nach 30 Minuten waren wir wieder in Kangerlussuaq.

Dort hatten wir noch ein paar Stunden Aufenthalt, bis uns das nächste Flugzeug wieder nach Kopenhagen bringen sollte. In Kopenhagen angekommen, war es durch die Zeitverschiebung bereits 23:45 Uhr, und unser nächster Flieger nach Frankfurt sollte um 6:00 Uhr starten. Wir ersparten uns, ein Hotel zu buchen, und verbrachten die Zeit im Flughafengebäude.

Weiter ging es dann von Frankfurt mit dem ICE zurück nach Stuttgart. Schließlich waren wir nach 23 Stunden wieder im sehr heißen Deutschland angekommen.

NACHWORT

Diese Reise war für mich unglaublich hart, anstrengend, aber auch wunderschön. Eineinhalb Jahre Vorbereitungszeit haben uns bei der Bewältigung unseres Abenteuers geholfen. In der Zeit hatten wir viele Wanderungen im Schwarzwald unternommen, auch Mehrtageswanderungen mit vollgepackten Rucksäcken.

Aber Grönland ist komplett anders. Die Warnung auf der offiziellen Website vom ACT: „Achtung! Nur für erfahrene Langstreckenwanderer geeignet!" besteht zu Recht. Nicht jeder kommt mit dem Gelände dort zurecht. Morast, Felsen, steile An- und Abstiege sowie schnell umschlagendes Wetter sind Herausforderungen, die zu bewältigen sind. Es gibt praktisch keinen ebenen Weg; überall finden sich kleinere und auch größere Senken auf dem Trail. Dazu kommt das permanente Gewicht des Rucksacks. Alles, was man unterwegs benötigt, muss man tragen; es gibt keine Möglichkeit, Vorräte zu kaufen. Zu Beginn dachten wir, wir würden zum Ende des Trails das schwindende Gewicht durch das Essen unseres Proviants merken, aber es war für uns nicht spürbar.

Wer das alles in Kauf nimmt und auch leidensfähig bis zum Ende ist, der wird in Grönland mit einer fantastischen, einzigartigen Natur belohnt. Absolute Stille, unzählige glasklare Seen, hohe, teils schneebedeckte Berggipfel und unbekannte Flora und Fauna begegneten uns auf unserem Trail. In Sisimiut lernten wir dann die einheimische Bevölkerung kennen; die Aufgeschlossenheit und Freundlichkeit, die wir dort erlebten, ließen uns fühlen, als würden sie sagen: „Kommt wieder."

Auf Wiedersehen, Grönland!

Inuulluaqqusi Kalaallit Nunaat!